Ilustracje
Magdalena Kozieł-Nowak

Jan Brzechwa
Najpiękniejsze wiersze dla dzieci

Wydawnictwo AKSJOMAT
Kraków 2018

Redakcja:
Agnieszka Bator

Korekta:
Beata Karlik

Opracowanie graficzne:
Ilona Brydak
Renata Surowiec

Oprawa miękka
ISBN 978-83-8106-088-2

Oprawa twarda
ISBN 978-83-8106-045-5

©Wydawnictwo AKSJOMAT
30-148 Kraków, ul. Lindego 7 C
tel. 12 633 70 22
e-mail: marketing@aksjomat.com
www.aksjomat.com

NA WYSPACH BERGAMUTACH...

Na wyspach Bergamutach
Podobno jest KOT w butach.

Widziano także OSŁA,
Którego MRÓWKA niosła.

Jest KURA samograjka
Znosząca złote jajka;

Na dębach rosną jabłka
W GRONOSTAJOWYCH czapkach,

Jest i WIELORYB stary,
Co nosi okulary,

Uczone są ŁOSOSIE
W pomidorowym sosie

I tresowane SZCZURY
Na szczycie szklanej góry,

Jest SŁOŃ z trąbami dwiema
I tylko... wysp tych nie ma.

3

Chrząszcz

W Szczebrzeszynie chrząszcz brzmi w trzcinie
I Szczebrzeszyn z tego słynie.

Wół go pyta: — Panie chrząszczu,
Po co pan tak brzęczy w gąszczu?

— Jak to — po co? To jest praca,
Każda praca się opłaca.

— A cóż za to pan dostaje?
— Też pytanie! Wszystkie gaje,

Wszystkie trzciny po wsze czasy,
Łąki, pola oraz lasy,

Nawet rzeczki, nawet zdroje,
Wszystko to jest właśnie moje!

Wół pomyślał: „Znakomicie,
Też rozpocznę takie życie".

4

Wrócił do dom i wesoło
Zaczął brzęczeć pod stodołą

Po wolemu, tęgim basem.
A tu Maciek szedł tymczasem.

Jak nie wrzaśnie: — Cóż to znaczy?
Czemu to się wół próżniaczy?!

— Jak to? Czyż ja nic nie robię?
Przecież właśnie brzęczę sobie!

— Ja ci tu pobrzęczę, wole,
Dosyć tego! Jazda w pole!

I dał taką mu robotę,
Że się wół oblewał potem.

Po robocie pobiegł w gąszcze.
— Już ja to na chrząszczu pomszczę!

Lecz nie zastał chrząszcza w trzcinie,
Bo chrząszcz właśnie brzęczał w Pszczynie.

SAMOCHWAŁA

Samochwała w kącie stała
I wciąż tak opowiadała:

— Zdolna jestem niesłychanie,
Najpiękniejsze mam ubranie,
Moja buzia tryska zdrowiem,
Jak coś powiem, to już powiem,
Jak odpowiem, to roztropnie,
W szkole mam najlepsze stopnie,
Śpiewam lepiej niż w operze,
Świetnie jeżdżę na rowerze,
Znakomicie muchy łapię.
Wiem, gdzie Wisła jest na mapie,
Jestem mądra, jestem zgrabna,
Wiotka, słodka i powabna,
A w dodatku, daję słowo,
Mam rodzinę wyjątkową:
Tato mój do pieca sięga,
Moja mama — taka tęga,
Moja siostra — taka mała,
A JA JESTEM — SAMOCHWAŁA!

LEŃ

Na tapczanie siedzi LEŃ,
Nic nie robi cały dzień.

— O, wypraszam to sobie!
Jak to? Ja nic nie robię?
A kto siedzi na tapczanie?
A kto zjadł pierwsze śniadanie?
A kto dzisiaj pluł i łapał?
A kto się w głowę podrapał?
A kto dziś zgubił kalosze?
O — o! Proszę!

Na tapczanie siedzi LEŃ,
Nic nie robi cały dzień.

— Przepraszam! A tranu nie piłem?
A uszu dzisiaj nie myłem?
A nie urwałem guzika?
A nie pokazałem języka?
A nie chodziłem się strzyc?
To wszystko nazywa się nic?

Na tapczanie siedzi LEŃ,
Nic nie robi cały dzień.

Nie poszedł do szkoły, bo mu się nie chciało,
Nie odrobił lekcji, bo czasu miał za mało,
Nie zasznurował trzewików, bo nie miał ochoty,
Nie powiedział „dzień dobry", bo z tym za dużo roboty,
Nie napoił Azorka, bo za daleko jest woda,
Nie nakarmił kanarka, bo czasu mu było szkoda;
Miał zjeść kolację — tylko ustami mlasnął,
Miał położyć się spać — nie zdążył — zasnął.
Śniło mu się, że nad czymś ogromnie się trudził;
Tak zmęczył się tym snem, że się obudził.

Sójka

Wybiera się sójka za morze,
Ale wybrać się nie może.

— Trudno jest się rozstać z krajem,
A ja właśnie się rozstaję.

Poleciała więc na kresy
Pozałatwiać interesy.

Odwiedziła najpierw Szczecin,
Bo tam miała dwoje dzieci,
W Kielcach była dwa tygodnie,
Żeby wyspać się wygodnie,
Jedną noc spędziła w Gdyni
U znajomej gospodyni,
Wpadła także do Pułtuska,
Żeby w Narwi się popluskać,
A z Pułtuska do Torunia,
Gdzie mieszkała jej ciotunia.
Po ciotuni jeszcze sójka
Odwiedziła w Gnieźnie wujka,
Potem matkę, ojca, syna
I kuzyna z Krotoszyna.
Pożegnała się z rodziną,
A tymczasem rok upłynął.

Znów wybiera się za morze,
Ale wybrać się nie może.

Myśli sobie: „Nie zaszkodzi
Po zakupy wpaść do Łodzi".
Kupowała w Łodzi jaja,
Targowała się do maja,
Poleciała do Pabianic,
Dała dziesięć groszy — za nic,
A że już nie miała więcej,
Więc siedziała pięć miesięcy.

8

— Teraz — rzekła — czas za **morze**!
Ale wybrać się nie może.

Posiedziała w **Częstochowie**,
W **Jędrzejowie** i w **Miechowie**,
Odwiedziła **Mysłowice**,
Cieszyn, **Trzyniec**, **Wadowice**,
Potem jeszcze z lotu ptaka
Obejrzała miasto Kraka:
Wawel, Kopiec, Sukiennice,
Piękne place i ulice.

— Jeszcze wpadnę do **Rogowa**,
Wtedy będę już gotowa.

Przesiedziała tam do września,
Bo ją prosił o to chrześniak.
Odwiedziła w **Gdańsku** stryja,
A tu trzeci rok już mija.

Znów wybiera się za **morze**,
Ale wybrać się nie może.

— Trzeba lecieć do **Warszawy**,
Pozałatwiać wszystkie sprawy:
Paszport, wizy i dewizy,
Kupić kufry i walizy.
Poleciała, lecz pod **Grójcem**
Znów się żal zrobiło sójce.
— Nic nie stracę, gdy w **Warszawie**
Dłużej dzień czy dwa zabawię.
Zabawiła tydzień cały,
Miesiąc, kwartał, trzy kwartały!
Gdy już rok przebyła w mieście,
Pomyślała sobie wreszcie:
„Kto chce zwiedzać **obce kraje**,
Niechaj zwiedza. **Ja** — zostaję".

KACZKA-DZIWACZKA

Nad rzeczką opodal krzaczka
Mieszkała kaczka-dziwaczka,

Lecz zamiast trzymać się rzeczki,
Robiła piesze wycieczki.

Raz poszła więc do fryzjera:
— Poproszę o kilo sera!
Tuż obok była apteka:
— Poproszę mleka pięć deka.
Z apteki poszła do praczki
Kupować pocztowe znaczki.

Gryzły się kaczki okropnie:
— A niech tę kaczkę gęś kopnie!

Znosiła jaja na twardo
I miała czubek z kokardą,
A przy tym, na przekór kaczkom,
Czesała się wykałaczką.

Kupiła raz maczku paczkę,
By pisać list drobnym maczkiem.
Zjadając tasiemkę starą,
Mówiła, że to makaron,
A gdy połknęła dwa złote,
Mówiła, że odda potem.

Martwiły się inne kaczki:
— Co będzie z takiej dziwaczki?

Aż wreszcie znalazł się kupiec:
— Na obiad można ją upiec!

Pan kucharz kaczkę starannie
Piekł jak należy w brytfannie,
Lecz zdębiał, obiad podając,
Bo z kaczki zrobił się zając,
W dodatku cały w buraczkach.

TAKA TO BYŁA DZIWACZKA!

11

Arbuz

W owocarni arbuz leży i złośliwie pestki szczerzy;

Tu przygani, tam zaczepi.
— Już byś przestał gadać lepiej,
Zamknij buzię,
Arbuzie!

Ale arbuz jest uparty,
Dalej sobie stroi żarty
I tak rzecze do moreli:
— Jeszcześmy się nie widzieli.
Pani skąd jest?
— Jestem Serbka...
— Chociaż Serbka, ale cierpka!

Wszystkich drażnią jego drwiny,
A on mówi do cytryny:
— Pani skąd jest?
— Jestem Włoszka...
— Chociaż Włoszka, ale gorzka!

Gwałt się podniósł na wystawie:
— To zuchwalstwo! To bezprawie!
Zamknij buzię,
Arbuzie!

Lecz on za nic ma owoce,
Szczerzy pestki i chichoce.
Melon dość już miał arbuza,
Krzyknął: — Głupiś! Szukasz guza!
Będziesz miał za swoje sprawki!
Runął wprost na niego z szafki,
Potem stoczył go za ladę
I tam zbił na marmoladę.

TAŃCOWAŁA IGŁA Z NITKĄ

Tańcowała igła z nitką,
Igła — pięknie, nitka — brzydko.

Igła cała jak z igiełki,
Nitce plączą się supełki.

Igła naprzód — nitka za nią:
— Ach, jak cudnie tańczyć z panią!

Igła biegnie drobnym ściegiem,
A za igłą — nitka biegiem.

Igła górą, nitka bokiem,
Igła zerka jednym okiem,

Sunie zwinna, zręczna, śmigła.
Nitka szepce: — Co za igła!

Tak ze sobą tańcowały,
Aż uszyły fartuch cały!

PAJĄK I MUCHY

Pająk na stare lata był ślepy i głuchy,
Nie mogąc tedy złapać ani jednej muchy,

Z anten swej pajęczyny obwieścił orędzie,
Że zmienił się i odtąd much zjadać nie będzie,

Że pragnąłby swe życie wypełnić czymś wzniosłym
I zająć się, jak inni, uczciwym rzemiosłem,

A więc po prostu szewstwem. Zaś na dowód skruchy
Postanowił za darmo obuć wszystkie muchy.

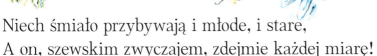

Niech śmiało przybywają i młode, i stare,
A on, szewskim zwyczajem, zdejmie każdej miarę!

Muchy, słysząc o takiej poprawie pająka,
Przyleciały i jęły pchać się do ogonka.

Podstawiają więc nóżki i wesoło brzęczą,
A pająk je okręca swą nitką pajęczą,

Niby mierzy dokładnie, gdzie stopa, gdzie pięta,
A tymczasem wciąż mocniej głupie muchy pęta.

Muchy patrzą i widzą, że wpadły w pułapkę,
Pająk zaś, który dawno miał już na nie chrapkę,

Pogłaskał się po brzuchu i zjadł obiad suty.
Odtąd mówi się u nas: „Uszyć komuś buty".

Grzyby

Król **Borowik Prawdziwy** szedł lasem,
Postukując swym jedynym obcasem,
A ze złości brunatny był cały,
Bo go muchy okrutnie kąsały.
Tedy siadł uroczyście pod dębem
I rozkazał na alarm bić w bęben:
— Hej, grzyby, grzyby,
Przybywajcie do mojej siedziby,
Przybywajcie orężnymi pułkami —
Wyruszamy na wojnę z muchami!

Odezwały się pierwsze **opieńki**:
— Opieniek jest maleńki,
A tam trzeba skakać na sążeń,
Gdzie nam, królu, do takich dążeń?

Załkały **surojadki**:
— My mamy maleńkie dziatki,
Wolimy życie spokojne,
Inne grzyby prowadź na wojnę.

Zaszemrały **modraczki**:
— Mamy całkiem zniszczone fraczki,
Mamy buty wśród grzybów najstarsze,
Nie dla nas wojenne marsze.

Zastękały czubajki:
— Wpierw musimy wypalić fajki,
Wypalimy je, królu, do zimy,
W zimie z tobą na wojnę ruszymy.

A król siedzi niezmiennie pod dębem,
Każe znowu na alarm bić w bęben:
— Przybywajcie, pieczarki, maślaki,
Trufle, gąski, purchawki, koźlaki,
Bedłki, rydze, bielaki i smardze,
Przybywajcie, bo tchórzami pogardzę!

Ledwo rzekł to, wtem patrzy, a z boru
Maszeruje pułk muchomorów:
— Przychodzimy z muchami wojować!
Ty nas, królu, na wojnę prowadź!

Wojowały grzybowe zuchy,
Pokonały aż cztery muchy.
Król Borowik winszował im szczerze
I dał wszystkim po grzybowym orderze.

ŻURAW I CZAPLA

Przykro było żurawiowi,
Że samotnie ryby łowi.

Patrzy — czapla na wysepce
Wdzięcznie z błota wodę chłepce.

Rzecze do niej zachwycony:
— Piękna czaplo, szukam żony,

Będę kochał ciebie, wierz mi,
Więc czym prędzej się pobierzmy.

Czapla piórka swe poprawia:
— Nie chcę męża mieć żurawia!

POSZEDŁ ŻURAW OBRAŻONY:
— TRUDNO, BĘDĘ ŻYŁ BEZ ŻONY.

A już czapla myśli sobie:
— Czy właściwie dobrze robię?

SKORO ŻURAW TAK NAMAWIA,
CHYBA WYJDĘ ZA ŻURAWIA!

Pomyślała, poczłapała,
Do żurawia zapukała.

Żuraw łykał żurawinę,
Więc miał bardzo kwaśną minę.

— Przyszłam spełnić twe życzenie.
— Teraz ja się nie ożenię,

Niepotrzebnie pani papla,
Żegnam panią, pani czapla!

Poszła czapla obrażona.
Żuraw myśli: — Co za żona!

Chyba pójdę i przeproszę...
Włożył czapkę, wdział kalosze

I do czapli znowu puka.
— Czego pan tu u mnie szuka?

— Chcę się żenić. — Pan na męża?
Po co pan się nadweręża?

Szkoda było pańskiej drogi,
Drogi panie laskonogi!

POSZEDŁ ŻURAW OBRAŻONY:
— TRUDNO, BĘDĘ ŻYŁ BEZ ŻONY.

A już czapla myśli: — Szkoda,
Wszak nie jestem taka młoda,

ŻURAW PROŚBY WCIĄŻ PONAWIA,
CHYBA WYJDĘ ZA ŻURAWIA!

W piękne piórka się przybrała,
Do żurawia poczłapała.

Tak już chodzą lata długie,
Jedno chce — to nie chce drugie,

Chodzą wciąż tą samą drogą,
Ale pobrać się nie mogą.

Tygrys

— Co słychać, panie tygrysie?
— A nic. Nudzi mi się.
— Czy chciałby pan wyjść zza tych krat?
— Pewnie. Przynajmniej bym pana zjadł.

Czy ta zebra jest prawdziwa?
Czy to tak naprawdę bywa?
Czy też malarz z bożej ł...

Lis

Rudy ojciec, rudy dziadek,
Rudy ogon — to mój spadek,
A ja jestem rudy lis.
Ruszaj stąd, bo będę gryzł.

Niedźwiedź

Proszę państwa, oto miś.
Miś jest bardzo grzeczny dziś,
Chętnie państwu łapę poda.
Nie chce podać? A to szkoda.

Zebra

Żyrafa

tym głównie żyje, że w górę wyciąga szyję, a ja zazdroszczę żyrafie, ja nie potrafię.

Papuga

— Papużko, papużko,
Powiedz mi coś na uszko.
— Nic ci nie powiem, boś ty plotkarz —
Powtórzysz każdemu, kogo spotkasz.

Żółw

Żółw chciał pojechać koleją,
Lecz koleje nie tanieją.
Żółwiowi szkoda pieniędzy:
— Pójdę pieszo, będę prędzej.

21

ŻABA

Pewna ŻABA
Była słaba,
Więc przychodzi do doktora
I powiada, że jest chora.

Doktor włożył okulary,
Bo już był cokolwiek stary,
Potem ją dokładnie zbadał,
No, i wreszcie tak powiada:

— PANI zanadto się poci,
Niech PANI unika wilgoci,
Niech PANI się czasem nie kąpie,
Niech PANI nie siada przy pompie,
Niech PANI deszczu unika,
Niech PANI nie pływa w strumykach,
Niech PANI wody nie pija,
Niech PANI kałuże omija,
Niech PANI nie myje się z rana,
Niech PANI, pani kochana,
Na siebie chucha i dmucha,
Bo PANI musi być sucha!

Wraca ŻABA od doktora,
Myśli sobie: — Jestem chora,
A doktora chora słucha,
Mam być sucha — będę sucha!

Leczyła się ŻABA, leczyła,
Suszyła się długo, suszyła,
Aż wyschła tak, że po troszku
Została z niej garstka proszku.

A doktor drapie się w ucho:
„Nie uszło jej to na sucho!".

WIOSENNE PORZĄDKI

WIOSNA w kwietniu zbudziła się z rana,
Wyszła wprawdzie troszeczkę zaspana,
Lecz zajrzała we wszystkie zakątki:
— Zaczynamy **WIOSENNE** porządki.

Skoczył wietrzyk zamaszyście,
Pookurzał mchy i liście.
Z bocznych dróżek, z polnych ścieżek
Powymiatał brudny śnieżek.

Krasnoludki wiadra niosą,
Myją ziemię ranną rosą.
Chmury, płynąc po błękicie,
Urządziły wielkie mycie,
A obłoki miękką szmatką
Polerują słońce gładko,
Aż się dziwią wszystkie dzieci,
Że tak w niebie ładnie świeci.
Bocian w górę poszybował,
Tęczę barwnie wymalował,
A żurawie i skowronki
Posypały kwieciem łąki,
Posypały klomby, grządki
I skończyły się porządki.

23

Jajko

Było sobie raz jajko mądrzejsze od kury.
Kura wyłazi ze skóry,
Prosi, błaga, namawia: — Bądź głupsze!
Lecz co można poradzić, kiedy ktoś się uprze?

Kura martwi się bardzo i nad jajkiem gdacze,
A ono powiada, że jest kacze.

Kura prosi serdecznie i szczerze:
— Nie trzęś się, bo będziesz nieświeże.
A ono właśnie się trzęsie
I mówi, że jest gęsie.

Kura do niego zwraca się z nauką,
Że jajka łatwo się tłuką,
A ono powiada, że to bajka,
Bo w wapnie trzyma się jajka.

Kura czule namawia: — Chodź, to cię wysiedzę.
A ono ucieka za miedzę,
Kładzie się na grządkę pustą
I oświadcza, że będzie kapustą.

Kura powiada: — Nie chodź na ulicę,
Bo zrobią z ciebie jajecznicę.
A jajko na to najbezczelniej:
— Na ulicy nie ma patelni.

Kura mówi: — Ostrożnie! To gorąca woda!
A jajko na to: — Zimna woda! Szkoda!
Wskoczyło do ukropu z miną bardzo hardą
I ugotowało się na twardo.

Sroka

Siedzi sroka na żerdzi
I twierdzi,

Że cukier jest słony,
Że mrówka jest większa od wrony,
Że woda w morzu jest sucha,
Że wół jest lżejszy niż mucha,
Że mleko jest czerwone,
Że żmija gryzie ogonem,
Że raki rosną na dębie,
Że kowal ogień ma w gębie,
Że najlepiej fruwają krowy,
Że najładniej śpiewają sowy,
Że bocian ma dziób zamiast głowy,
Że lód jest gorący,
Że ryby się pasą na łące,
Że trawa jest blaszana,
Że noc zaczyna się z rana,

Ale nikt tego wszystkiego nie słucha,
Bo wiadomo, że sroka jest kłamczucha.

25

WRONA I SER

— Niech mi każdy powie szczerze,
Skąd się wzięły DZIURY W SERZE?

Indyk odrzekł: — Ja właściwie
Sam się temu bardzo dziwię.

Kogut zapiał z galanterią:
— Kto by też brał ser na serio?

Owca stała zadumana:
— Pójdę, spytam się barana.

Koń odezwał się najprościej:
— Moja rzecz to dziury w moście!

Pies obwąchał ser dokładnie:
— Czuję kota: on tu kradnie!

Kot udając, że nie słyszy,
Miauknął: — Dziury robią myszy.

Przyleciała wreszcie wrona:
— Sprawa będzie wyjaśniona,

Próbę dziur natychmiast zrobię,
Bo mam świetne czucie w dziobie.

Bada dziury jak należy,
Każdą dziurę w serze mierzy,

Każdą zgłębia i przebiera —
A gdzie ser jest? NIE MA SERA!

Indyk zsiniał, owca zbladła:
— Gwałtu! Wrona ser nam zjadła!

Na to wrona na nich z góry:
— Wam chodziło wszak o dziury.

Wprawdzie ser zużyłam cały,
ALE DZIURY POZOSTAŁY!

Bo gdy badam, nic nie gadam
I co trzeba zjeść, to zjadam.

Trudno. Nikt dziś nie docenia
Prawdziwego poświęcenia!

Po czym wrona, jak to ona,
Poszła sobie obrażona.

Entliczek-pentliczek

Entliczek-pentliczek, czerwony stoliczek,
A na tym stoliczku pleciony koszyczek,

W koszyczku jabłuszko, w jabłuszku robaczek,
A na tym robaczku zielony kubraczek.

Powiada robaczek: — I dziadek, i babka,
I ojciec, i matka jadali wciąż jabłka,

A ja już nie mogę! Już dosyć! Już basta!
Mam chęć na befsztyczek! I poszedł do miasta.

Szedł tydzień, a jednak nie zmienił zamiaru;
Gdy znalazł się w mieście, poleciał do baru.

Są w barach — wiadomo — zwyczaje utarte:
Podchodzi doń kelner, podaje mu kartę,

A w karcie — okropność! — przyznacie to sami:
Jest zupa jabłkowa i knedle z jabłkami,

Duszone są jabłka, pieczone są jabłka
I z jabłek szarlotka, i kompot, i babka!

No, widzisz, robaczku! I gdzie twój befsztyczek?
Entliczek-pentliczek, czerwony stoliczek.

Psie smutki

Na brzegu błękitnej rzeczki
  Mieszkają małe smuteczki.

  Ten pierwszy jest z tego powodu,
   Że nie wolno wchodzić do ogrodu,
    Drugi — że woda nie chce być sucha,
     Trzeci — że mucha wleciała do ucha,
     A jeszcze, że kot musi drapać,
      Że kura nie daje się złapać,
       Że nie można gryźć w nogę sąsiada
      I że z nieba kiełbasa nie spada,
       A ostatni smuteczek jest o to,
        Że człowiek jedzie, a piesek musi biec piechotą.

     Lecz wystarczy pieskowi dać mleczko
      I już nie ma smuteczków nad rzeczką.

GLOBUS

W szkole
Na stole
Stał globus —
Wielkości arbuza.
Aż tu naraz jakiś łobuz
Nabił mu guza.
Z tego wynikła
Historia całkiem niezwykła:

Siedlce wpadły do Krakowa,
Kraków zmienił się w jezioro,
Nowy Targ za San się schował,
A San urósł w górę sporą.

Tatry, nagle wywrócone,
Okazały się w dolinie,
Wieprz popłynął w inną stronę
I zawadził aż o Gdynię.

Tam gdzie wpierw płynęła Wisła,
Wyskoczyła wielka góra,
Rzeka Bzura całkiem prysła,
A powstała góra Bzura.
Stary Giewont zlękł się wielce
I przykucnął pod parkanem,
Każdy myślał, że to Kielce,
A to było Zakopane.
Łódź pobiegła pod Opole
W jakichś bardzo ważnych sprawach —
Tylko nikt nie wiedział w szkole,
Gdzie podziała się Warszawa.

Nie było jej na Śląsku ani w Poznańskiem,
Ani na Pomorzu, ani pod Gdańskiem,
Ani na Ziemiach Zachodnich,
Ani na północ od nich,
Ani blisko, ani daleko,
Ani nad żadną rzeką,
Ani nad żadnym z mórz.
Po prostu przepadła — i już!

TRZEBA PRĘDZEJ ODDAĆ GLOBUS DO NAPRAWY,
BO NIE MOŻE POLSKA ISTNIEĆ BEZ WARSZAWY!

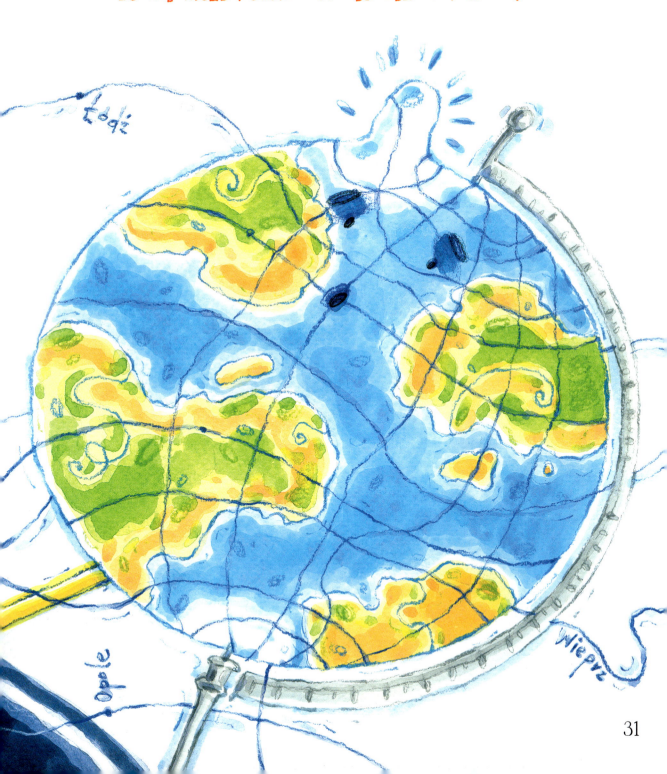

Skarżypyta

— Piotruś nie był dzisiaj w szkole,

Antek zrobił dziurę w stole,

Wanda obrus poplamiła,

Zosia szyi nie umyła,

Jurek zgubił klucz, a Wacek

Zjadł ze stołu cały placek.

— Któż się ciebie o to pyta?

— Nikt. Ja jestem skarżypyta.

Kłamczucha

— Proszę pana, proszę pana,
Zaszła u nas wielka zmiana:
Moja starsza siostra Bronka
Zamieniła się w skowronka,
Siedzi cały dzień na buku
I powtarza: „Kuku, kuku!".

— Pomyśl tylko, co ty pleciesz!
To zwyczajne kłamstwo przecież.

— Proszę pana, proszę pana,
Rzecz się stała niesłychana:
Zamiast deszczu, u sąsiada
Dziś padała oranżada,
I w dodatku całkiem sucha.

— Fe, nieładnie!
Fe, kłamczucha!

— To nie wszystko, proszę pana!
U stryjenki wczoraj z rana
Abecadło z pieca spadło,
Całą pieczeń z rondla zjadło,
A tymczasem na obiedzie
Miał być lew i dwa niedźwiedzie.

— To dopiero jest kłamczucha!

— Proszę pana, niech pan słucha!
Po południu na zabawie
Utonęła kaczka w stawie.
Pan nie wierzy? Daję słowo!
Sprowadzono straż ogniową,
Przecedzono wodę sitem,
A co ryb złowiono przy tym!

— Fe, nieładnie! Któż tak kłamie?
Zaraz się poskarżę mamie!

33

JAK ROZMAWIAĆ TRZEBA Z PSEM

Wy nie wiecie, a ja wiem,
Jak rozmawiać trzeba z psem,

Bo poznałem język psi,
Gdy mieszkałem w pewnej wsi.

A więc wołam: – DO MNIE, PSIE!
I już pies odzywa się.

Potem wołam: – HOPSASA!
I już mam przy sobie psa.

A gdy powiem: – CICHO LEŻ!
Leżę ja i pies mój też.

Kiedy dłoń wyciągam doń,
Grzecznie liże moją dłoń

I zabawnie szczerzy kły,
Choć nie bywa nigdy zły.

34

Gdy psu kość dam — pies ją ssie,
Bo to są zwyczaje psie.

Gdy pisałem wierszyk ten,
Pies u nóg mych zapadł w sen,

Potem wstał, wyprężył grzbiet,
Żebym z nim na spacer szedł.

Szliśmy razem — ja i on,
Pies postraszył stado wron,

Potem biegł zwyczajem psim,
A ja biegłem razem z nim.

On ujadał. A ja nie.
Pies i tak rozumie mnie,

Pies rozumie, bo ja wiem,
Jak rozmawiać trzeba z psem.

Żuk

Do biedronki przyszedł żuk,
W okieneczko puk-puk-puk.

Panieneczka widzi żuka:
— Czego pan tu u mnie szuka?

Skoczył żuk jak polny konik,
Z galanterią zdjął melonik

I powiada: — Wstań, biedronko,
Wyjdź, biedronko, przyjdź na słonko.

Wezmę ciebie aż na łączkę
I poproszę o twą rączkę.

Oburzyła się biedronka:
— Niech pan tutaj się nie błąka,
Niech pan zmiata i nie lata,
I zostawi lepiej mnie,
Bo ja jestem piegowata,
A pan — nie!

Powiedziała, co wiedziała,
I czym prędzej odleciała,

Poleciała, a wieczorem
Ślub już brała — z muchomorem,

Bo od środka aż po brzegi
Miał wspaniałe, wielkie piegi.

Stąd nauka
Jest dla żuka:
Żuk na żonę żuka szuka.

Pomidor

Pan pomidor wlazł na tyczkę
I przedrzeźnia ogrodniczkę.
—Jak pan może,
Panie pomidorze?!

Oburzyło to fasolę:
— A ja panu nie pozwolę!
Jak pan może,
Panie pomidorze?!

Groch zzieleniał aż ze złości:
— Że też nie wstyd jest waszmości!
Jak pan może,
Panie pomidorze?!

Rzepka także go zagadnie:
— Fe! Niedobrze! Fe! Nieładnie!
Jak pan może,
Panie pomidorze?!

Rozgniewały się warzywa:
— Pan już trochę nadużywa.
Jak pan może,
Panie pomidorze?!

Pan pomidor, zawstydzony,
Cały zrobił się czerwony
I spadł wprost ze swojej tyczki
Do koszyczka ogrodniczki.

PYTALSKI

Na ulicy Trybunalskiej
Mieszka sobie STAŚ PYTALSKI,
Co, gdy tylko się obudzi,
PYTANIAMI dręczy ludzi.

— W KTÓRYM miejscu zaczyna się kula?
CO na deser gotują dla króla?
ILE kroków jest stąd do Powiśla?
O CZYM myślałby stół, gdyby myślał?
CZY lenistwo na łokcie się mierzy?
SKĄD wiadomo, że Jurek to Jerzy?
KTO powiedział, że kury są głupie?
ILE much może zmieścić się w zupie?
NA CO łysym potrzebna łysina?
KTO indykom guziki zapina?
SKĄD się biorą bruneci na świecie?
ILE ważą dwa kleksy w kajecie?
CZY się wierzy niemowie na słowo?
CZY jaskółka potrafi być krową?

Dziadek już od roku siedzi
I obmyśla ODPOWIEDZI,
Babka jakiś czas myślała,
Ale wkrótce osiwiała.
Matka wpadła w stan nerwowy
I musiała zażyć bromu,
Ojciec zaś poszedł po rozum do głowy
I kiedy powróci — NIE WIADOMO.

38

TYDZIEŃ

Tydzień dzieci miał siedmioro:
— Niech się tutaj wszystkie zbiorą!

Ale przecież nie tak łatwo
Radzić sobie z liczną dziatwą:

PONIEDZIAŁEK już od wtorku
Poszukuje kota w worku,

WTOREK ŚRODĘ wziął pod brodę:
— Chodźmy sitkiem czerpać wodę.

CZWARTEK w górze igłą grzebie
I zaszywa dziury w niebie.

Chcieli pracę skończyć w **PIĄTEK**,
A to ledwie był początek.

Zamyśliła się **SOBOTA**:
— Toż dopiero jest robota!

Poszli razem do **NIEDZIELI**,
Tam porządnie odpoczęli.

Tydzień drapie się w przedziałek:
— No, a gdzie jest poniedziałek?

Poniedziałek już od wtorku
Poszukuje kota w worku...

I TAK DALEJ...

Hipopotam

Zachwycony jej powabem
Hipopotam błagał żabę:
— Zostań żoną moją, co tam,
Jestem wprawdzie hipopotam,
Kilogramów ważę z tysiąc,
Ale za to mógłbym przysiąc,
Że wzór męża znajdziesz we mnie
I że ze mną żyć przyjemnie.
Czuję w sobie wielki zapał,
Będę ci motylki łapał
I na grzbiecie, jak w karecie,
Będę woził cię po świecie,
A gdy jazda już cię znuży —
Wrócisz znowu do kałuży.
Krótko mówiąc — twoją wolę
Zawsze chętnie zadowolę,
Każdy rozkaz spełnię ściśle.
Co ty na to?

— Właśnie myślę...
Dobre chęci twoje cenię,
A więc — owszem. Mam życzenie...

— Jakie, powiedz? Powiedz szybko,
Moja żabko, moja rybko,
I nie krępuj się zupełnie —
Twe życzenie każde spełnię,
Nawet całkiem niedościgłe...

— Dobrze, proszę: nawlecz igłę!

Stonoga

Mieszkała stonoga pod Białą,
Bo tak się jej podobało.
Raz przychodzi liścik mały
Do stonogi,
Że proszona jest do Białej
Na pierogi.
Ucieszyło to stonogę,
Więc ruszyła szybko w drogę.

Nim zdążyła dojść do Białej,
Nogi jej się popłątały:
Lewa z prawą, przednia z tylną,
Każdej nodze bardzo pilno;
Szósta zdążyć chce za siódmą,
Ale siódmej iść za trudno,
No, bo przed nią stoi ósma,
Która właśnie jakiś guz ma.
Chciała minąć jedenastą,
Poplątała się z piętnastą,
A ta znów z dwudziestą piątą,
Trzydziesta z dziewięćdziesiątą,
A druga z czterdziestą czwartą,
Choć wcale nie było warto.

Stanęła stonoga wśród drogi,
Rozplątać chce sobie nogi;
A w Białej stygną pierogi!

Rozplątała pierwszą, drugą,
Z trzecią trwało bardzo długo,
Zanim doszła do trzydziestej,
Zapomniała o dwudziestej,
Przy czterdziestej już się krząta —
No, a gdzie jest pięćdziesiąta?
Sześćdziesiątą nogę beszta:
— Prędzej, prędzej! A gdzie reszta?

To wszystko tak długo trwało,
Że przez ten czas całą Białą
Przemalowano na zielono,
A do Zielonej stonogi nie proszono.

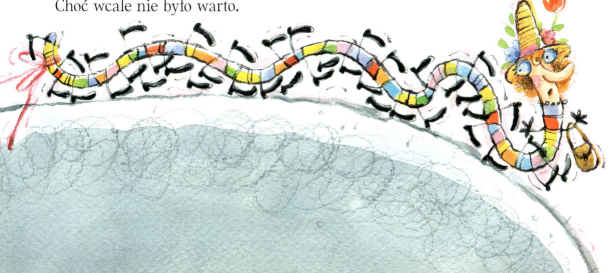

KRASNOLUDKI

Krasnoludki z wszystkich miast
Urządziły w lesie zjazd.
Program zjazdu był taki:

PO PIERWSZE —
Gdzie zimują raki?

PO DRUGIE —
Czy brody są dosyć długie?

PO TRZECIE —
Czy zima może być w lecie?

PO CZWARTE —
Co robić, żeby dzieci nie były uparte?

PO PIĄTE —
Skąd wiadomo, że zawsze po czwartku jest piątek?

PO SZÓSTE —
Dlaczego niektóre orzechy są puste?

Pierwszy mówić miał najstarszy,
Ale tylko czoło zmarszczył;
Drugi mówić miał najmłodszy,
Więc powiedział coś trzy po trzy;
Potem głuchy streścił szeptem
Wszystko to, co słyszał przedtem;
Ślepy mówił o kolorach,
Lecz przeoczył coś, nieborak;
Zaś niemowa opowiedział
O tym, czego sam nie wiedział.
Mańkut milcząc spojrzał wokół
I napisał tak protokół:
„Krasnoludki z wszystkich miast
Urządziły w lesie zjazd.
O czym tam się mówiło przez dwanaście godzin,
To pana, proszę pana, zupełnie,
ale to zupełnie nie obchodzi!".

Kwoka

Proszę pana, pewna kwoka
Traktowała świat z wysoka

I mówiła z przekonaniem:
– Grunt – to dobre wychowanie!

Zaprosiła raz więc gości,
By nauczyć ich grzeczności.

Osioł pierwszy wszedł, lecz przy tym
W progu garnek stłukł kopytem.

Kwoka wielki krzyk podniosła:
– Widział kto takiego osła?!

Przyszła krowa. Tuż za progiem
Zbiła szybę lewym rogiem.

Kwoka, gniewna i surowa,
Zawołała: – A to krowa!

Przyszła świnia prosto z błota.
Kwoka złości się i miota:

— Co też pani tu wyczynia?
Tak nabłocić! A to świnia!

Przyszedł baran. Chciał na grzędzie
Siąść cichutko w drugim rzędzie,

Grzęda pękła. Kwoka, wściekła,
Coś o łbie baranim rzekła

I dodała: — Próżne słowa,
Takich nikt już nie wychowa,
Trudno... Wszyscy się wynoście!

No i poszli sobie goście.
Czy ta kwoka, proszę pana,
Była dobrze wychowana?

NA STRAGANIE

Na straganie w dzień targowy
Takie słyszy się rozmowy:

— Może pan się o mnie oprze,
Pan tak więdnie, panie Koprze.

— Cóż się dziwić, mój Szczypiorku,
Leżę tutaj już od wtorku!

Rzecze na to Kalarepka:
— Spójrz na Rzepę — ta jest krzepka!

Groch po brzuszku Rzepę klepie:
— Jak tam, Rzepo? Coraz lepiej?

— Dzięki, dzięki, panie Grochu,
Jakoś żyje się po trochu.

Lecz Pietruszka — z tą jest gorzej:
Blada, chuda, spać nie może.

— A TO FELER —
Westchnął Seler.

Burak stroni od Cebuli,
A Cebula doń się czuli:

— Mój Buraku, mój czerwony,
Czybyś nie chciał takiej żony?

Burak tylko nos zatyka:
— Niech no pani prędzej zmyka,

Ja chcę żonę mieć buraczą,
Bo przy pani wszyscy płaczą.

— A TO FELER —
Westchnął Seler.

Naraz słychać głos Fasoli:
— Gdzie się pani tu gramoli?!

— Nie bądź dla mnie taka wielka! —
Odpowiada jej Brukselka.

— Widzieliście, jaka krewka! —
Zaperzyła się Marchewka.

— Niech rozsądzi nas Kapusta!
— Co, Kapusta?! Głowa pusta?!

A Kapusta rzecze smutnie:
— Moi drodzy, po co kłótnie,

Po co wasze swary głupie,
Wnet i tak zginiemy w zupie!

— A TO FELER —
Westchnął Seler.

Spis treści